Petra Bühler

Bions Konzept der Arbeits- und Grundannahmegruppe

GRIN Verlag

Bibliografische Information der Deutschen Nationalbibliothek:

Die Deutsche Bibliothek verzeichnet diese Publikation in der Deutschen National-
bibliografie; detaillierte bibliografische Daten sind im Internet über http://dnb.d-
nb.de/ abrufbar.

Impressum:

Copyright © 2002 GRIN Verlag GmbH
Druck und Bindung: Books on Demand GmbH, Norderstedt Germany
ISBN: 978-3-638-93427-5

Dieses Buch bei GRIN:

http://www.grin.com/de/e-book/38350/bions-konzept-der-arbeits-und-grundannah-
megruppe

GRIN - Your knowledge has value

Der GRIN Verlag publiziert seit 1998 wissenschaftliche Arbeiten von Studenten, Hochschullehrern und anderen Akademikern als eBook und gedrucktes Buch. Die Verlagswebsite www.grin.com ist die ideale Plattform zur Veröffentlichung von Hausarbeiten, Abschlussarbeiten, wissenschaftlichen Aufsätzen, Dissertationen und Fachbüchern.

Bions Konzept der
Arbeits- und Grundannahmegruppe

Referat im Studiengang Kommunikationspsychologie
Lehrveranstaltung: Tiefenpsychologische Gruppentheorien

Hochschule für Wirtschaft, Technik
und Sozialwesen Zittau/Görlitz (FH)

Verfasserin: Petra Bühler

Datum des Referats: 16.01.02

INHALTSVERZEICHNIS

WILFRED RUPRECHT BION

(1897-1979)

Born in India in 1897, W. R. Bion first came to England at the age of 8 to receive his schooling. During the First World War he served in France as a tank commander and was awarded the DSO and the Legion of Honour. After reading history at Queen's College, Oxford, he studied medicine at University College, London, before a growing interest in psychoanalysis led him to undergo training analyses with John Rickman and, later, Melanie Klein. During the 1940s his attention was directed to the study of group processes, his researches culminating in the publication of a series of influential papers later produced in book-form as Experiences in Groups. Abandoning his work in this field in favour of psychoanalytic practice, he subsequently rose to the position of Director of the London Clinic of Psycho-Analysis (1956-1962) and President of the British Psycho Analytical Society (1962-1965). From 1968 he worked in Los Angeles, returning to England two months before his death in 1979.

(From the back cover of Cogitations, edited by Francesca Bion, Karnac Books, London-New York, 1992.)

DIE ANALYTISCHE GRUPPENPSYCHOTHERAPIE

Ebenso wie die Psychotherapie soll die analytische Gruppenpsychotherapie

- dem Klienten die seinem Verhalten zugrunde liegenden unbewußten Motivationen, insbesondere die Abwehrvorgänge, bewußt machen und
- ihm helfen, das bewußt gewordene pathogene Erleben zu akzeptieren und zu integrieren.

Objekt der Gruppenpsychotherapie sind die zwischen den Gruppenteilnehmern ablaufenden Interaktionen, die durch bewußte und unbewußte Elemente bestimmt sind. Als Medium nutzt die Gruppenpsychotherapie also den Gruppenprozeß.

Die Methode der analytischen Gruppenpsychotherapie ist die Psychoanalyse, die mit den Techniken der nicht gelenkten, freien Assoziation, der Deutung, der Abwehranalyse und der Handhabung von Übertragung und Gegenübertragung arbeitet. Die Therapie soll Übertragungen hervorrufen, die übertragenen Grundverhaltensformen bewußt und sie damit einer korrigierenden emotionalen Erfahrung zugänglich machen. Angewendet wird die Methode in Kleingruppen mit 4 - 8 Teilnehmern. Sie ist geeignet zur Behandlung von Psychoneurosen, psychosomatischen Erkrankungen und Charakterneurosen bzw. neurotischen Verhaltensstörungen.

Während bei den ersten Versuchen einer Anwendung psychoanalytischer Prinzipien[1] in Gruppen der Fokus auf dem Individuum lag, konzentriert sich Bions Modell auf die Prozesse in der Gruppe und integriert gruppendynamische Konzepte.[2]

---

[1] Abstinenzregel und analytische Grundregel
[2] vgl. Heigl-Evers, Konzepte der analytischen Gruppenpsychotherapie, Vandenhoeck & Ruprecht Göttingen, 1978, S. 7 ff

BIONS AUFFASSUNGEN ÜBER GRUPPE UND INDIVIDUUM

Wie der Säugling mit der mütterlichen Brust und später der Familiengruppe Kontakt aufnimmt, muß der Erwachsene mit dem emotionalen Erleben der ihn umgebenden Gruppe Kontakt aufnehmen. Um die damit verbundenen Schwierigkeiten zu umgehen, flüchtet er sich in regressive Zustände[3].

Bestandteile dieser Regression:

- Glaube, die Gruppe sei mehr, als die Summe der in ihr versammelten Individuen. Die Regression bewirkt einen Verlust der individuellen Bestimmtheit, der das Individuum daran hindert zu erkennen, daß die Ansammlung nur aus Individuen besteht.
- Eigenschaften, mit denen das Individuum die Gruppe ausstattet

Für Bion ist die Gruppe eine "Ansammlung von Individuen (...), die sich alle im gleichen Zustand der Regression befinden"[4]. Wie Freud bestreitet auch er, daß die Gruppe mehr ist als die Summe ihrer Mitglieder. Sie zeige nur Phänomene, die dem Beobachter, der nicht gewohnt ist, mit der Gruppe umzugehen, fremdartig erscheinen. Auf die häufig beobachtete Intensivierung von Emotionen in der Gruppe werde ich weiter unten noch eingehen, wenn die Begrifflichkeiten von Bions Gruppenkonzept geklärt sind.

Bion widerspricht Freud in der Annahme, daß außerhalb der primitiven unorganisierten Gruppe ein Individuum mit eigener Kontinuität, Selbstbewußtsein und Traditionen sowie besonderen Funktionen und Positionen existiert, die es bei Eintritt in eine primitive Gruppe für eine Zeit verliert. Er sieht das Individuum als Gruppenwesen, das sowohl mit der Gruppe als auch den Aspekten seiner Persönlichkeit, die seine "groupishness" ausma-

---

[3] Abwehrmechanismus des Ich; frühe kindliche Verhaltensweisen treten wieder auf, z.B. übermäßiges Essen bei Liebeskummer als Rückfall in die kindlichen sexuellen Wünsche der oralen Phase. Die Regression setzt voraus, daß wichtige Triebwünsche in einer früheren Entwicklungsphase nicht ausreichend befriedigt wurden.

vgl. Schüler Duden, <u>Die Psychologie</u>, Dudenverlag Mannheim 1996, S. 335

[4] W. R. Bion, <u>Erfahrungen in Gruppen und andere Schriften</u>, Klett-Cotta 2001, S. 102

chen, in Konflikt steht. Die Merkmale dieser "groupishness" seien auch dann vorhanden, wenn die Gruppe nicht zusammenkomme, denn

> *"(...) man solle von einem Individuum nie, auch wenn es zeitlich und räumlich noch so isoliert ist, glauben, es stehe außerhalb einer Gruppe oder zeige keine aktiven Manifestationen von Gruppenpsychologie."*[5]

Ein Zusammentreffen der Gruppe sei nur notwendig, um diese Phänomene beobachten zu können. Vorhandensein und Ausmaß individueller Bestimmtheit hängen laut Bion vom jeweiligen Gruppenzustand ab.

BIONS KONZEPT DER ARBEITSGRUPPE (WORK GROUP) UND DER GRUNDANNAHMEGRUPPE (BASIC ASSUMPTION GROUP)

Bion entwickelte sein Gruppenkonzept auf der Basis von Beobachtungen als Leiter der Rehabilitationsabteilung einer Psychiatrischen Klinik der britischen Armee und später als Leiter von therapeutischen Gruppen in der Tavistock-Klinik in London.

Er unterscheidet zwei Aspekte der Gruppe: die *Arbeitsgruppe* und die *Grundannahmegruppe*. Mit diesen Begriffen bezeichnet er allerdings die psychischen Aktivitäten der Gruppe und nicht die Gruppenmitglieder. Beide Aktivitäten bestehen in jeder Gruppe gleichzeitig nebeneinander.

Die Arbeitsgruppe

Die Arbeitsgruppe ist gekennzeichnet durch die freiwillige Kooperation der Mitglieder. Diese Kooperation setzt bestimmte Fähigkeiten voraus, wie z.B. die Fähigkeit zum Erfahrungserwerb. Die Aktivitäten der Arbeitsgruppe sind realitätsbezogen und rational und richten sich auf die Lösung einer Aufgabe, in der Therapiegruppe beispielsweise auf die "Heilung" der Gruppenmitglieder. Bion schreibt der Arbeitsgruppe ähnliche Eigenschaften zu wie Freud dem Ich.

---

[5] ebd. S. 124

- 5 -

Die Arbeitsgruppe wird durch andere psychische Aktivitäten gehemmt, abgelenkt aber manchmal auch gefördert. Diese Aktivitäten werden von mächtigen emotionalen Kräften gesteuert und erwachsen aus den Grundannahmen, die alle Mitglieder der Gruppe miteinander teilen. Bion nimmt an, daß die Arbeitsgruppe um so leichter von einer Grundannahme eingenommen wird, je unstrukturierter diese ist. Er bezeichnet deshalb Organisation und Struktur als "Waffen der Arbeitsgruppe"[6]. Sie seien das Resultat der Kooperation.

Die Grundannahmegruppe

Bion nimmt an, daß es sich bei den Grundannahmen um Reaktionen auf primäre Zustände handelt, mit den jeweils damit verbundenen charakteristischen Teilobjektbeziehungen, psychotischen Ängsten und deren Verarbeitung. Bei den Grundannahmen handelt es sich also um gruppenspezifische Abwehrformen gegen mit Angst und Schuldgefühlen verbundene Affekte.

Er differenziert drei Grundannahmegruppen: die abhängige, die Paarbildungs- und die Kampf-Flucht-Gruppe. Diese Grundannahmen sind nicht gleichzeitig im Vordergrund, sondern es ist immer eine der Grundannahmen dominant. Die inaktiven Grundannahmen existieren in einem protomentalen System, in dem Somatisches und Mentales nicht unterschieden sind.

Bevor ich zu den charakteristischen Eigenschaften dieser einzelnen Grundannahmen komme, möchte ich auf deren Gemeinsamkeiten hinweisen:

- Die Grundannahmen werden von emotionalen Tendenzen beherrscht. Die Affekte, die mit den Grundannahmen zusammenhängen (Angst, Furcht, Haß, Liebe etc.), beeinflussen sich gegenseitig, wodurch es zu den für jede Grundannahme spezifischen Gefühlskombinationen kommt.

---

[6] ebd. S. 126

- Die Beteiligung am Handeln einer Grundannahme erfordert keine besonderen Fähigkeiten oder Erfahrungen. Voraussetzung ist lediglich *Valenz*. Damit meint Bion die Fähigkeit des Individuums, sich spontan und
  instinktiv mit anderen Individuen auf der Basis einer Grundannahme zu
  verbinden und gemeinsam zu handeln. Die Valenz entspricht der Kooperation in der Arbeitsgruppe.

- Bei allen Grundannahmegruppen gibt es einen Führer. Dieser muß keine
  Person sein. Es kann sich auch um eine Idee, eine Religion oder einen
  Gegenstand handeln. Sein Profil ist in den einzelnen Grundannahmegruppen unterschiedlich, und sein Verhalten muß der dominanten Grundannahme entsprechen, sonst wird der Führungsanspruch nicht anerkannt.
  Bion sieht den Führer - wie alle anderen Gruppenmitglieder auch - als
  eine Kreatur der Grundannahme. Er beschreibt ihn als ein Individuum,
  dessen

  > "(...) Persönlichkeit ausgelöscht worden ist (...), aber doch so von den Affekten
  > der Grundannahme erfüllt ist, daß es all das Prestige besitzt, das man gern für das
  > besondere Vorrecht des Führers der Arbeitsgruppe halten möchte."[7]

- Die Grundannahmementalität ist ohne Zeitgefühl; tritt die Dimension
  der Zeit in Erscheinung, wird dadurch Angst und das Gefühl des Ver-
  folgtwerdens ausgelöst.

- Die Grundannahmen verhindern jegliche Entwicklung. Fürchtet sich eine Gruppe vor Entwicklung, so bewältigt sie diese Furcht, indem sie
  sich von einer Grundannahme überwältigen läßt.

- Da keine der Grundannahmen die Gruppe von der Angst befreien kann,
  die durch Phänomene ausgelöst wird, die die Grundannahme nicht
  kennt, kommt es zu einem stetigen Wechsel von einer Grundannahme
  zur nächsten. Bei ungestörter Arbeitsgruppenfunktion ist dieser Wechsel

---

[7] vgl. ebd. S. 132

sehr häufig. Ein und dieselbe Grundannahme kann aber auch monatelang dominant bleiben.[8]

Die Grundannahme der Abhängigkeit

Die Gruppe erwartet von einem Führer Unterstützung in Form von materieller und geistiger Nahrung sowie Schutz. Im Beispiel der Therapiegruppe nehmen die Gruppenmitglieder an, sie seien zusammengekommen, um vom Therapeuten irgendeine Behandlung zu erfahren. Der Führer der Abhängigkeitsgruppe ist oft auch durch die Gruppengeschichte repräsentiert. Neue Ideen werden in dieser Grundannahme unterdrückt, da sie als Bedrohung für den Führer empfunden werden. Die vorherrschenden Emotionen in der abhängigen Gruppe sind Schuld und Depression.[9]

Die Grundannahme der Paarbildung

Die Gruppe erlebt an einer Paarbildung - wobei die Geschlechtszugehörigkeit keine besondere Rolle spielt - ein Gefühl hoffnungsvoller Erwartung. Hoffnung ist Vorläufer und Bestandteil der Sexualität. Die Freude an diesem Gefühl wird durch Berufung auf ein moralisch einwandfreies Ergebnis gerechtfertigt. Die Dominanz dieser Grundannahme ist erkennbar an Äußerungen wie

> *"die Gruppentherapie (werde), wenn sie einmal genügend Verbreitung gefunden habe, die Gesellschaft revolutionieren; die bevorstehende Jahreszeit (werde) (...) angenehmer sein" etc.*[10]

Damit sich das Gefühl der Hoffnung erhalten kann, darf der Führer dieser Gruppe noch nicht geboren sein. Die Hoffnung bezieht sich vielmehr darauf, daß er *eines Tages* geboren wird, um die Gruppe vor Haß, Destruktivität, Verzweiflung usw. sowohl von seiten der eigenen als auch einer anderen Gruppe zu retten. Deshalb werden auch in dieser Grundannahme neue Ideen unterdrückt. Allerdings hat die Gruppe die Tendenz, sich durch die Rationalisierung ihrer Sexualität im Sinne der Erzeugung eines Führers (Mensch,

---

[8] vgl. ebd. S. 112 ff
[9] vgl. ebd. S. 107 ff
[10] ebd. S. 110

Idee, Utopie) beeinflussen zu lassen, wodurch die Hoffnung geschwächt wird und Destruktivität, Haß und Verzweiflung wieder bemerkbar werden. [11]

Antons [12] beschreibt die Phase der Paarbildungsgruppe als Versuch des Individuums, durch den Zusammenschluß in Untergruppen das Gefühl des Alleinseins zu vermeiden, in neuen Gruppen eine erste emotionale Orientierung zu haben und durch Allianzen mehr Einfluß in einer Gruppe zu erlangen.

Die Kampf-Flucht-Gruppe

Die vorherrschenden Emotionen dieser Grundannahme sind Zorn und Haß. Die Gruppe verhält sich so, als stünde sie einem gemeinsamen Feind gegenüber. Der Führer dieser Gruppe muß Forderungen an die Gruppe stellen, die Möglichkeiten zur Flucht oder zum Kampf bieten. Auch hier werden neue Ideen unterdrückt, weil sie eine Bedrohung für den Status quo darstellen. In der Therapiegruppe, in der die Grundannahme Kampf und Flucht vorherrscht, werden Deutungsversuche des Therapeuten durch die emotionale Unterstützung für Vorschläge behindert, "die entweder Haß auf alle psychologischen Schwierigkeiten ausdrücken oder aber Mittel zu ihrer Umgehung darstellen". [13]

Bion betont, daß es sich bei den Grundannahmen nicht um ein starres Modell handelt und diese nicht als gesonderte Bewußtseinszustände betrachtet werden können. Jeder dieser Zustände hat Eigenschaften, die ihn als Dual oder Umkehrung eines der anderen Zustände oder als ein anderer Aspekt desselben Phänomens erscheinen lassen. Beispielsweise ähnelt der Gott der abhängigen Gruppe dem ungeborenen Genie der Paarbildungsgruppe,

> *"(...) namentlich in Situationen, wenn die Abhängigkeitsgruppe die Autorität eines 'früheren' Führers anruft, kommt sie der Paarbildungsgruppe sehr nahe, die einen 'zukünftigen' Führer anruft. In beiden Fällen existiert der Anführer nicht; es handelt sich um einen Unterschied im Tempus und in der Emotion."* [14]

---

[11] vgl. ebd. S. 109 ff
[12] vgl. Klaus Antons, Praxis der Gruppendynamik, Hogrefe Verlag Göttingen 1998, S. 302
[13] W. R. Bion, Erfahrungen in Gruppen und andere Schriften, Klett-Cotta 2001, S. 111

Die spezialisierte Arbeitsgruppe

Bion geht weiterhin von der Existenz einer spezialisierten Arbeitsgruppe aus, deren Aufgabe die Aktivierung einer bestimmten Grundannahme geradezu provoziert. Als typische Vertreter solcher spezialisierten Arbeitsgruppen nennt er

- die Kirche: Diese befaßt sich mit Phänomenen der abhängigen Gruppe
- das Militär: Es ist anfällig für störende Effekte der Kampf-Flucht-Gruppe
- die Aristokratie: Sie setzt sich mit den Phänomenen der Paarbildungsgruppe auseinander

Seine Hypothese ist jedoch, daß diese Gruppen aus der Hauptgruppe, zu der sie gehören, gebildet werden, um "(...) durch Manipulation der Grundannahme zu verhüten, daß sie die Arbeitsgruppe behindert."[15] Die Grundannahmen lassen sich gewöhnlich nicht in Handeln umsetzen, da Handeln realitätsbezogen sein muß. Die spezialisierte Arbeitsgruppe erkennt dies und versucht daher Handeln in die Mentalität einer Grundannahme umzusetzen. Zum Beispiel wird die Kirche bei einem Erfolg der Arbeitsgruppenfunktion dazu auffordern, Gott dafür zu danken, also den Erfolg nicht der Fähigkeit zu qualifizierter Arbeit zuschreiben. Das Militär fördert den Glauben an die Fähigkeit der Gewalt, alle Probleme zu lösen - vorausgesetzt, sie wird nie angewendet.[16]

INTENSIVIERUNG VON EMOTIONEN IN DER GRUPPE

Dieses oft beobachtete Gruppenphänomen erklärt Bion folgendermaßen:

- Ist eine Gruppe unzureichend organisiert und strukturiert, entsteht mit der Aktivierung einer Grundannahme zunächst die Angst vor dieser.

- Diese Angst verursacht eine Unterdrückung der Emotionen, die eine wesentliche Komponente der Grundannahme sind.

---

[14] ebd. S. 122
[15] ebd. S 125
[16] vgl. ebd. S. 114 ff

- Dadurch entsteht eine Spannung, die das Individuum als Intensivierung von Emotionen empfindet.

- Der Strukturmangel fördert die hemmende Wirkung der Grundannahmegruppe, in der die intellektuelle Aktivität sehr begrenzt ist.

- Das Individuum fühlt sich so, als sei seine intellektuelle Kapazität reduziert.

Bion ist der Ansicht, daß in einer Gruppe, in der die Emotionen der Grundannahmegruppen bemerkt werden, eine hohe intellektuelle Aktivität erreicht werden kann. Um die Emotionen bewußt zu machen, empfiehlt Bion als Technik das Ansprechen der Gruppe als Ganzheit. Die Deutungen des Therapeuten sollen sich nicht auf Probleme eines einzelnen Gruppenteilnehmers beziehen, sondern immer auf die unbewußten Gruppenprozesse, und so die Gruppe mit ihrem aus der Grundannahme resultierendem Verhalten konfrontieren. Hierzu ist es notwendig, daß der Therapeut das Unbewußte der Gruppe versteht bzw. die vorherrschende Grundannahme erkennen kann. Die Deutungen lösen bei den Teilnehmern Widerstände (Aggression, Flucht) aus, die der Therapeut durch eine strukturlose Führung bewußt verstärkt. Diese Widerstände gilt es zu bearbeiten, um die Mentalität der Arbeitsgruppe wieder in Kraft zu setzen.

SCHLUßBEMERKUNGEN

Bions Verdienst ist die Einbeziehung gruppendynamischer Phänomene in die analytische Gruppenpsychotherapie. Sein Modell wurde in der Tavistockmethode umgesetzt.

Heigl-Evers kritisiert an Bions Modell fehlende Möglichkeiten, individualspezifische Strukturen, mit deren endogenen Motivationen, und die aus der Erwartungshaltung der Gruppe resultierenden exogenen Motivationen zu erfassen. [17]

Yalom bemängelt, daß die Funktion des Therapeuten in diesem Modell auf eine "unpersönliche Gesamtgruppendeutung" beschränkt ist. Es fände keine Interaktion mit den Gruppenmitgliedern statt und auch andere wesentliche

Führungsfunktionen würden nicht übernommen. Es gäbe dagegen Ergebnisse der Erfolgsforschung in der Psychotherapie, wonach eine positive, akzeptierende und anteilnehmende Beziehung zwischen Klient und Therapeut für gute Therapieergebnisse wesentlich sei.[18]

LITERATURVERZEICHNIS

Klaus Antons, Praxis der Gruppendynamik, Hogrefe Verlag Göttingen 1998

W. R. Bion, Erfahrungen in Gruppen und andere Schriften, Klett-Cotta 2001

A. Heigl-Evers, Konzepte der analytischen Gruppenpsychotherapie, Vandenhoeck & Ruprecht Göttingen, 1978

Schüler Duden, Die Psychologie, Dudenverlag Mannheim 1996, S. 335

I. D. Yalom, Theorie und Praxis der Gruppenpsychotherapie, Pfeiffer München 1996

---

[17] vgl. A. Heigl-Evers, Konzepte der analytischen Gruppenpsychotherapie, Vandenhoeck & Ruprecht Göttingen 1978, S. 45
[18] vgl. I. D. Yalom Theorie und Praxis der Gruppenpsychotherapie, Pfeiffer München 1996, S. 206